失控

和

一个苹果

僻路诗集

加拿大国际出版社

失控和一个苹果

僻路诗集

作者：僻路（Pi Lu）

出版：加拿大国际出版社

ISBN 978-1-989763-14-8

E- BOOK: 978-1-989763-15-5

版权所有@2021

加拿大国际出版社

www.intlpressca.com

Email: service@intlpressca.com

献给

与诗歌同行的所有人

自序

  同许多喜欢诗并写过诗的人一样，我从 20 岁时以探究的态度开始尝试写诗。但那时毕竟阅历尚浅，所写之诗虽有形有神，却无灵气。2015 年至 2020 年期间我曾因为多种原因搁笔，但因对诗的赤子之心终归未泯，故从今年年初便再次提笔，自求于全球新冠疫情持续肆虐时，更需要寻找生命之光。

  痖弦有言："一日诗人，一世诗人"，现在想来确是如此。这就像一粒好的种子虽被闲置土壤，但只要阳光重现并温度与水分都合适，其必然发芽一样。我坚信诗是自然产生也是自然存在的，所以一个诗人要做的便是将她捡起来并加以珍藏，这个珍藏的过程就是创作的过程。北岛曾表示写诗其实是源于一种神秘的冲动，而这种冲动只有写诗的人才能体会和参悟。我想，这不仅是因为诗歌是人类社会最早的文学形式且从根本上不同于其他文体，也是因为这种冲动本身就会给诗人带来最愉悦的快感（抑或最痛苦的挣扎）。

  此本诗集收录了我近期的所有诗作，为我的首本由规范出版社发行的诗集。我想这既是对年少的自己的挥别，也是对未来的自己的欢迎。并且，人生在世而能留下自己存在过的印记，是件顶大的幸事——不为浮嚣，只为来过。

  校订漏误，得以成书，由衷感谢加拿大国际出版社的支持。

僻路

2021 年 3 月 22 日

于加拿大小镇公寓中

作者简介

　　僻路，　20 世纪 90 年代生于山东济南。定居加拿大西部至今已有十余年。现从事工程方面的工作，并利用业余时间写诗。曾用笔名"杰子"在网络上发表诗作，并有诗收录于《经典短诗·当代方阵》一书。诗作（包括译作）散见于网络、网刊，并自编有诗集。

目　　录

两年前在爱德华王子岛

联邦大桥托起海峡，
飞行拨快表针
计量混凝土的体积。
跑道长度小于海拔落差，
雪山与低地重叠。
一簇玫瑰开始寻找玻璃花瓶。

阿拜古威特的襁褓中孕育
又一个摇篮。
婴儿于是有了更高傲的姓氏：
圣劳伦斯湾公园；
加拿大肇生地。
红褐色的土壤与砂岩，
分居角落的祖先
血液凝结。丘陵一弯新月坠落
版图未曾完整。

承重的位置
新伦敦保留着绿色屋顶，
宣告十月橡树的胜利。
海岸线与书店相隔风的距离，
教堂高耸
尖塔为晚霞签上名字。
港口延伸一座小城，
雕塑在街边建设诗人的帆
驶入——

大西洋的声音
呼唤漆黑的沙滩。
散落的文字，远天星河璀璨——

数万公里外
麦田丰收的德令哈。

两年前
卡文迪许的夜色里
仰卧一根桅杆。

2021.01

前奏

十一年前踏进
迷失图腾的
怒狮脚下盛开百合花的枫林。

路易圣洛朗的校门敞开
荒原上筑起城堡。
康德与哈姆雷特在播种收获
回声近乎遮蔽

象曾耕过的山与书画家
两座山前的秋色胜过

——语言和诗行迟钝的文字
剑走偏锋一击未中。

大洋之上一叶
孤舟选择
飞渡！木屋对岸
泉水叮咚得清澈见底……
木屋檐下粼粼波光。

2021.01.04

齐文化博物馆

历史方方正正，抛弃圆心，
遗物堆筑地基。
城墙搬到楼顶，淄水的臣民
在下面躲风避雨遮阳。
君王端坐在西方……

铜锈隔着玻璃放光。学宫沉降
书简拨开泥土；刀币
斩断商人的志向；
蹴鞠交换场地，
孩童冲浪海上。

海盐淤积，
博物馆的门口在变卖
笨拙的模仿。

在乍暖的一月散步

精赤的风贴紧太阳的肌肤
原始松林被划分阵营
岩层浮起根络化石诞下房屋
唤醒荒野的神经
渡鸦挑拣它的路灯遗弃
尖阁陈列前日的严寒
矮处，枯枝漫无边际
顶撞歪斜的栅栏
螺旋撕裂屡经修砌的街道
被侵染的溪水融解冰封
流云皈依凡尘。天马飞跑
朝拜上古的回声
驭手用脆黄的碎叶
向先民作着答谢

2021.01

一次七十年不遇的寒潮

摸爬学步，牙牙学语

在杳远的旷野，婴儿自立为王。

奔跑跳跃，放歌舞蹈

在辽远的旷野，少年自诩为圣。

撒种收割，记事易服

在边远的旷野，青壮自封为神。

八分钟积聚的能量点燃国王的火、

圣徒的火、神明的火烈烈燃烧！

高举的火

愈燃烧愈盛大！

岩浆喷涌翻滚！大地战战兢兢！

云层裹挟热浪！海潮逃入低地……

普罗米修斯衔起火焰

将她归还月亮。

2021.01

在旧书店

耄耋之年，她坐在角落
从大街走下台阶
守着满目琳琅的店面

步履矫健，她拭去征尘
书架上不著积灰
角落里老人只留笑颜

些许书签，她悉数珍藏
纸页折旧或褪色
封皮内铅字清晰依然

脊梁之间，我沉默肃立
在参差的密林中
我选择凝视少女的眸眼

2021.01

现在的人们是否还读诗

翻来找去。旧
书店只有十本诗集。

收来藏去？旧
书店只有十本诗集。

我跑去印务所，
我会留本诗集
　　——给旧书店。

2021.01

工作时我看到

一匹天马奔行。
天马的奔行棱角分明。
透过天马的瞳孔
我看到天马的眼睛
和眼睛看到的魂灵。

2021.01

内陆的孩子

内陆的孩子未曾遇见灯塔

灯塔等待孩子与它相遇

翘首以盼，问候

陆地深处的宇宙

孩子飞上天空，天空繁茂

孩子的内陆钻出了翅膀

海水幽邃，灯塔

揭下飘然的白纱

披在身上，礼物藏不住的

还有画给孩子的红灯笼

赤诚热烈，透明

逐渐清晰的幻境

孩子来到把朝霞归还灯塔

灯塔将奔波整日的孩子

拥入怀中，灯闪

光点燃满夜星盏

2021.01.16-18

路费

一个人的废墟
　　一群人的废墟

我端坐于废墟
　　——有芒在背
我仰卧于废墟
　　——有鲠在喉

站起身来，抓挠
咳嗽：并不奏效
眼睛进了钉子
我听见废墟的喧嚣

刺眼
　刺耳

残砖乱瓦，所幸
我
还有赤裸的
双脚

走出
废墟的
路费
标价三十三元

2021.01.17-18

星星落山以后

十八岁的时候
我还在努力学习外语

二十八岁之前
我能熟用所学的外语

星星落山以后
我才能驾驭这门外语

2021.01.18　夜

在镇上一间印务所

打印完成

金属做的螺旋

线圈穿过

油光纸的方孔

比胶装书还要结实

这里是小地方，

胶装书只能在大城市

装订成册。

——这是印务所

老板说的。

我确

信他读懂了

我的诗

汉字和汉语，虽然

他看不懂也不会使用

之后我和他

聊起了我的祖国

2021.01.18 深夜

2021 年的一月不正常

前半个月几乎没
下过雪
除了那天夜里的大雪
几个小时
十几厘米

大雪之前我趴在床上
下雪时我在睡觉
雪变小时我刚打赢
与洗漱的日常
攻坚战

拉开落地窗
站到公寓三楼的阳台
我见本用来锁自行车的
楼下铁架子空空
却锁住了风　　　　　2021.01.19 午饭后

我用错误祈祷

因为全世界的疫情
我的同事和我
在家上班
我们用团队群聊软件
打字或视频通话
已经习惯，直到
今天早上
我把群发的早安
错发给了经理
但多个问候也没关系
今天下午
我打算拨给秘书
结果拨到群里
同事们大概会有点烦
我道了歉想也好
这样提醒大家
母亲需要恢复健康
2021.01.19.14:30

疑病

我躲开
人群

但还是觉得

嗓子
不舒服

无题

今晚气温会降至
零下二十摄氏度
只可意会

这里风速将达到
一百千米每小时
不可言传

今晚气温会降至
零下二十摄氏度
只可意会

号手和我

号手把乐器搬上楼顶
坐在屋脊
与瓦片交响

加拿大最不缺的是树
森林被搬进公寓
冠冕不知去向

雷声惊醒一队天鹅
抖落浑身的羽毛——
羽毛居无定所

成千上万
被迫在波涛里安家
号手越吹越起劲

演奏振聋发聩
我同意他把屋子拆了
好让昆虫不再流浪

2021.01.19 时夜烈风、雪

假如我读小学时作文如下

我的理想也是树的理想

树的理想也是叶的理想

叶的理想也是根的理想

根的理想在水里

叶的理想在地里

树的理想在光里

并非

雨隐在云里
并非每一朵云都会落雨

天浮在山顶
并非每一座山都能擎天

莲开在水中
并非每一方水都可卧莲

麦稻长在田间
并非每一片田都生麦稻

农人行在路上
并非每一条路都走农人

头发

2019 冠状

病毒病

让许许多多人

——还在生活着

但没有被病毒感染的人

掉了许许多多的头发

他们的周围都是

头发

2021.01.20

腊八的粥

身在加拿大阿尔伯塔

我拨通了母亲的电话

没有往常那样的问答

她现在需要我提醒她

北京时间今天是腊八

写于庚子年腊八节

身在加拿大阿尔伯塔

我拨通了母亲的电话

孩子们弯下腰

天马遭到遗弃跌落神坛
——重重地跌落，砸在
铁和硅镍支撑的土壤
太阳的骨肉和月亮的宗亲
石头和金属被偷走
遗落成为圭臬

来自楚国的天马一骑
红尘入梦冰河，千百年
——构建四月的天
踏寻颓圮的篱墙
近前的橡树，平原和房子
远方的铁轨和誓言

天旋，地转……
天马流血过多开始呻吟
一丝不挂亮出它的伤口
一笔一划深入骨骼
沃野感觉到疼痛
随着微弱的呼吸颤抖

天马挣扎。
越挣扎失血越多
天马仰面朝天，无法挣脱

飞去——白昼的背面
那里结伴的孩子
数着星星

戛然而止，喘息
迫使他们注目黑暗中
伤痕累累的天马
眼睛炯炯有神
上帝的礼物在闪光
孩子们弯下腰

用虔诚的祈祷和脆弱的手
将跌落的失血的
仰面朝天的天马扶起——
一声长嘶劈开混沌
天马抖擞精神
接受一场远道而来的治疗

2021.01.22 午后

热爱

太阳已经落山

天色变暗

急着打开开关

灯并没有亮

我自然知道

这是灯泡坏了

我发着满嘴牢骚

从柜子里取来

另一只灯泡

冬日里我须安静

让我倾听

落叶清脆的呼吸

销匿追赶时间的嘈杂

遮蔽吞云吐雾的尘嚣

我听见雪花

和针叶树击剑

席地而坐的观众

披上剑客抖落的风衣

等比赛结束以后

回归本色，像

现在的我

倾听房间内镜子

投射出的自己

电流穿梭灯丝燃烧

传递，南飞的黑雁

点缀天地的回音

记录根溯寻水源的努力

正如冬日的蚂蚁

在洞穴里

做着春天的梦

2021.01.28

失控和一个苹果

现在我们集体失控。呼吸困难。

从失窃的博物馆赎回还在展览的苹果

形似一位收藏家，将其挑选装袋，

爬上离地心越来越远的台阶，掏出

兜里丁零当啷的钥匙，必须一把

打开高高在上的门。高高在上的屋子

冰箱里全部的陈设杂乱无章，集体

失控的我们，袋子里的苹果

放在冰箱顶，许多天后

其中一个苹果腐烂的气味很新鲜。

变化

邮车依然在跑，车轮的使命也无变化

从地址到地址，邮箱的作用从一而终

信息还在网络，铅字还在印刷

人们还在使用上述服务，期间

吃汉堡或者肉夹馍，都能填饱肚子

喝温茶或者凉白开，都能缓解口渴

吃饱喝足的一群人已经不是一群人

2021.02

分心

窗外零下二十七摄氏度

露天篮球场的水泥地

袒露长期被拍打的皮肤

只有草地上还存积雪

入冬以来我就没有再去

这处篮球场打过篮球

我当着床脚的篮球的面

做蹲起又举了举哑铃

篮板篮筐和我映入眼帘

2021.02

流程

起床的时候
思考镜子

刷牙的时候思考
鳄鱼

上班的
时候思考饭菜

用餐
的时候思考

飞行休息的时候
思考绿洲

太阳隔着
云的脸
思考
我

2021.02

登陆

摄影师

拍摄的圣约翰斯

最近的照片

原本去年

我有可能去

当地开会

这不是一句抱怨

卡博托登陆

纽芬兰岛东岸

2021.02

商量

冬天里的两棵树
商量今年
是否一起过
生日

一棵道：
注意保护你的树枝，
我也保护我的。
另一棵道：
那算了。

一只渡鸦偷走
蛋糕

2021.02

殊途

画方

以常规的方法

以常规的方法

　　　画圆

2021.02

构图

寻找
角度构图
手机贴紧
静物

缝隙
可大可小
可多可少
光

镜头
或正或歪
蹲着也能趴着
平伸高举弯曲

失焦
放长线钓大鱼
蝇头小字
别别扭扭舞蹈

2021.02

初读北岛

橘子在说话
房间里氧气充足

神秘的冲动
第一次跳水

煤球听见矿灯的呼啸
歌曲流浪

电话里的月亮
最后一行

2021.02

爆炸

一整天信息爆炸

晚上信息也爆炸

二月的首日属于短暂

所有的爆炸有感而发

明须返单位上班

造物主一声令下

2021.02

爆炸

一整天信息爆炸

晚上信息也爆炸

造物主一声令下

革命乐观主义

耳朵去看医生，朋友把它领回家。

接起我的电话……

2021.02

革命乐观主义

耳朵去看医生，朋友把它领回家。

干净

降雪警告又是降雪警告
亚寒带的冬天经常讨人嫌
想起我小的时候在济南
（21 世纪的第一年）
就没见过一夜之间十公分的大雪
但每次只要下雪我都会和同学伸出
舌头接住空中少得可怜
灰头土脸的雪花
撒尿的工夫
大叫一声真甜

2021.02.02

取决于

是否买玫瑰花送给情人

太阳只能是太阳

夸父追日后羿射日两小儿辩日

星星不能不会眨眼睛

手的不安分和法式舌吻

必须敲试衣间的门

在夜空荡漾的月亮

取决于一日不见

满大街的小广告掉没掉地上

考尔菲尔德有没有被学校开除

向右看齐的麦田

譬如朝露的语言

词汇是不是湿润

黄瓜是蔬菜肉豆蔻是香料

没有回车的键盘

直到我的第一本诗集

轻而易举在加拿大出版

2021.02.02

极地涡旋

离北极还远

比北极寒冷的冬日

在冰天雪地间

租的公寓

屋里暖气充足

我打开没安纱窗的双层窗户

两块玻璃

留出一条空隙

2021.02.04

大诗人小诗人

最近几天网上突然开始热烈地讨论

谁是大诗人，谁又是小诗人

但肯定不是所有参加讨论的网友

们自己都是诗人

2021.02.04

最近几天网上突然开始热烈地讨论

夏绿蒂镇一只叫李白的猫

——给 Melody 的一首

有关诗集，有关
维多利亚公园的木板路
连接浅湾的橡树
礁石之上的天际线
白色的房子是摇篮
一把坐过潮汐的长椅
将时间收藏的吻
献给玫瑰花园
的风景，浸染蓝色的呼吸
浮起
细软的沙在海滩追逐
浪花留影的晚霞
我的背面
在酒吧的高脚杯里
流淌着内陆
还有诺森伯兰的月亮
微冷的海风摇曳
用理想搭建的公寓
一只叫李白的猫披着夜色
在两双鞋子间
好奇白葡萄酒的味道

2021.02.06

现在

我想写一瓶酒

给你

测量

北极的星和北极的光
因纽特人强大的磁场
飞驰的图腾来自北方的温度
变换颜色像三种坐标
有一种真实——纵轴殊途同归
经线延伸到尽头
截取一段弧做方舟
飞舞的天空，旅人
一只雪橇犬还有一座冰屋
晶莹剔透的世界
黑色的瞳孔

2021.02.08

应许

天空躺在语言里
纯粹得一触即破
指尖幻化出海的波纹
光在严寒的天气凝结
在眨眼间迷路
睫毛努力打扫冷却的呼吸
雪靴抑扬顿挫
松枝托举地表的声音
自己的诗
从木栅栏上腾空而起
渡鸦领悟一句应许

2021.02

我要做的梦

奔腾不息
不止一次路过
我看到的河流
不同于你的河流
我的河流
在天空
也在峡谷间
没有方向的方位
严冬里升起的橘色的暖烟
将星象连成线
我的气息在其中
在未开封的河面下
河水昼夜不停
我的皮肤和我的血液
太阳和月亮
都沉睡在同一张床
我要做的梦
没有噪音

2021.02.18

若我迷失

白昼的光诉说夜晚的亮
树林的枯枝展示根丛的样子
湖泊碎在蓝天，雪山盛满粮食
帐篷被掀翻，冬眠的熊无心果腹
石子跌落悬崖惊起鸟群的脚步
风吹掉帽子，头发触电
肮脏的酒瓶和干净的垃圾桶

2021.02.18

泉城广场的一夜

——给 Barbara

音乐喷泉
两种时日高低起伏
文化长廊
半个地球的弧线
你站在华灯之下
如同圆心
校园操场中央的槐树
听见我们，听见
你的手心捧起荷花
点亮广场
旁边银座索菲特大厦
旋转餐厅的霓虹
在护城河边
在这户户垂杨的城市
我按下快门
珍珠涌现

2021.02.18

对话失败

一首新诗被对折
在原则问题上
我不想与蚊蝇多费口舌
郁金香显露折痕
蚊蝇并非一定有错
我的乡间的房子
在抗议，我只能
选择退避三舍
让出连天的麦地
的颜色
红得引人侧目
清澈的春风
长安梅花盛开至今　　　　2021.02.19

刷牙时间

刚才我在刷牙中
想起小时候
妈妈
告诉我监督我
牙
要刷够三分钟
才能算刷得干净
而现在的我
每次刷牙
都刷
不够这个时长
一半的时间
2021.02.19

不在秋天

——答 Melody

滴漏声中
听见黄河的肤色
将东海浸染。

沉积的土地。
一个民族改道
丈量方圆。

常数的木轮
梦的周长无需平方
只用两倍的半径

枕着
人人尽望的月亮
身被薄霜。

但我——
我不在秋天；
在那绿柳扶风的故乡。

2021.02.20

悲剧

在斑马的皮毛
之间
灰色的蚊子跳跃
尾巴来回抽打
大草原的
吸血鬼
轰鸣夜空

2021.02.20

简单的道理

对着杯子沉默
或沉没，总之
杯里掺着我的口水
一并喝下肚
然后等待欲望
终于流失
并非多么高尚
我顶多算个凡人
只是参透了
卫生间存在的道理
仅此而已

2021.02.20

防伪图案

肯定不懂事，但我小的时候
去过北京看升旗
当年小旅馆里的墙上爬着虫子
在新疆喝的刚挤的牛奶
亲戚开的粮油店里我拎过大米
到蓬莱找八仙过海
对那天错过海市蜃楼印象深刻
于威海登刘公岛
首次脚踩大海从一边到另一边
站上青岛的栈桥留影
爷爷讲他就在不远处读的大学
（没错我去过省内多地）
凭岳阳楼背诵刘禹锡
青螺背上我开始相信竹子落泪
我小的时候从未曾想过
有朝一日侨居海外一晃十多年
想说走就走再回去看看时
我只能在我的护照里
游历童年去过或没去过的地方

2021.02.21

偶思

我所想到的
在镜子里
镜子如果有意识
它能想到的
不在我里

2021.02.21

十万个为什么

毅力号成功登陆火星
还搭载一架直升机
这要是换到以前我听闻
肯定大为赞叹
瞧又一个人类伟大的成就
降落发生在 2021 年 2 月 18 日
真可惜这次我想问一问现在
美国那么多烂摊子都还没解决
尤其每天都因为疫情成批的死人
急着去什么太空

2021.02.21

你的书架

——再给 Barbara

我的一首诗
在你的书架上
由你替我保管着

我没去过你家里
所以也没有见过你的书架
你会把诗放在哪一层

我现在不得而知
但这无关紧要
要紧的是我为那时的我

至今一直还在
那时的你的
那里感到庆幸

2021.02.21

海的巢

"必有人重写爱情"
怀揣引号我路过海的巢
沿途是教堂和农场

灯塔和橡树
起伏的丘陵一望无际
一所隐匿的小屋

在海的巢里我许下愿望
岛屿的南方
辜负红色沙滩的蜡烛

沙的雕刻者告诉我们：
它燃烧持久。现在
"必有人重写爱情"

2021.02.22 读北岛诗句后

我的头发飞起

我的头发飞起
如同在梦里

梦里的天空确实更蓝
摩天大楼更尖
我们的容貌更清晰

梦里我记住
与你的对话

2021.02.22

引体向上

遭遇瓶颈
摇摇晃晃。波
汽水被开盖的一刻
引体向上
牵引剩余的
全部骨骼和肉体
还有血液
气泡
万物皆诗
双臂的力量
在疲劳中凸显
头颅高高抬起
数着数
我忽然觉得
自己俨然
一个"旦"字

2021.02.24

读叶芝〈词语〉

一些词语无需修改

一些句子不必完整

我的头发疯长

我理解的世界在发梢

异于常人，之前的思想

在绳子上打结

果蔬的表皮张狂

我的问题言简意赅

像麻雀每日的翱翔

她对我有致命的

诱惑和吸引

但又是谁将我强行塞进

她的身体——

无法自拔，我在

这挣扎的土地

2021.02.25

打

打诗

打水一般将它打起

无论姿势

我的生活是一口井

打着打着诗

就变成了

手机输入法的首字

2021.02.26

仰视

我没有结婚没有孩子
一个人过着日子
但想起春天时看地上的蚂蚁
忽然体会到了父亲的感觉
一位爱如天高的父亲

蚂蚁仰起头
蚂蚁不全懂得这俯视
我又何尝不是
就算把头仰得再高
也不能参透我的父亲

2021.02.26

舅舅的回复

元宵节我给舅舅发过去
一张我盛到碗里的
黑糯米黑芝麻汤圆的照片
一共六个围成一圈

舅舅回复了我三个字：
羊屎蛋

久违的味道
从手机屏幕呼之欲出

2021.02.27

认同与否我还是我朋友的朋友

正月十五的夜

北美山地时区

微信群好友线上聚会

来去自如也不拘泥

拍拍月亮喝喝小酒

或者果汁，新年快乐。

兴到浓时换上汉服

朋友们说我像古时候的诗人

（我戴着棒球帽）

于是我就和他们聊了会诗

也读了几首我写的诗

小良借此问我是否读过

某作家他女儿写的诗

我回答你是第四个问过

这个问题的人我说

我读过还稍加评论了一番

之后我们聊火星得州暴风雪

西方民主政治和疫情防控

（不防不控）难怪我们最后一次

线下聚会是两年前。

再之后我带大家猜了灯谜

四通八达——头头是道

感冒通——有伤风化。

“哈哈哈哈不错的谜面和谜底！”

朋友们不会想到我在想

诗在灯里最后

青鱼要我说段绕口令

事实证明

磕磕巴巴牛郎刘娘

我的嘴巴不如写诗的时候利索

2021.02.27

抵抗力

据说多晒太阳可以

增加抵抗力

每次站在阳台我都这么想

今天也是

但今天忽然也想

每次当我要站到阳台

晒会太阳时

我未必都能赶得上

我看到的太阳

2021.02.27

据说多晒太阳可以

增加抵抗力

你探究过的岩石里——赠 Y. J.

你为琥珀
愿时间为虫

无法折柳给你
加拿大的柳树不识
离别的滋味
此刻只有东方
又已添新绿

你我都学过如何绘制地图
却又终日在地图上漂泊

我们曾经
从大城市的辽远河谷出发
一同去边境小城
仅此一次
同乘一辆车旅行

今天你发微信消息告知我
3 月 17 日要回国

你说你总伤离别
就不当面或打电话说了

我打字回复 21 世纪

离别个啥，朋友圈里还是兄弟

何况我也是个很伤离别的人

兄弟你未必知道刚看到消息

我就在纠结要不要写一首诗给你

虽然怕你读了哭泣

最终我还是写了这首诗给你

只有你能读懂

你探究过的岩石里

我的印迹

2021.02.27

躺着的快乐

躺着玩手机对眼睛不好
尤其侧躺会导致
视力偏差这我知道
然而我还是躺着
写完了这首诗

2021.02.27

入乡未必随俗

新冠疫情刚开始

在加拿大扩散的时候

这边很多老外都开始抢购

囤积大量的卫生纸

到了货架空闲的地步

而口罩却几乎没有人想买

我的中国朋友问我

你知不知道老外为啥

宁可买卫生纸也不买口罩

我说不知道但

他们大概是太爱干净

爱干净爱得可以不要命

这是将近整整一年前的事情

反正当时我先买的口罩

然后等到老外早就囤完卫生纸

开始买口罩时疫情

已经发展为完全失控的程度

（直至现在）

于是我戴好提前准备好的口罩

去超市结果也照样可以

买到并少量囤一些

重新供上货的卫生纸

我真的并非不如他们爱干净

我只是爱命胜过爱干净

2021.02.27

香椿芽（组诗）

（一）

单身独居
买来的食用油够
我个人炒菜用

唯一不足是
已经很久没吃到
奶奶炸的香椿芽了

（二）

姑父的 59 岁生日
昨晚我们视频通话
他们在吃饭
我问吃的什么
他说炸的你奶奶给的
香椿芽

其实奶奶已经过世
一年多了

（三）

认识香椿芽
从奶奶家二楼阳台下
两层楼高的香椿芽树开始
小虫经常顺着树枝爬到家里
爷爷和奶奶捉虫
同楼下邻居剪枝

现在爬到家里的虫子很自由
窗外的枝条茂盛

2021.02.28

周末

星期天下午。信息读

"群友们周末愉快啊！"

我回了周末愉快

原来

我们经常都是

在周末快过完时

才

互祝愉快

2021.02.28

星期天下午。信息读

"群友们周末愉快啊！"

Poetry

诗歌基金会网站

收藏了几乎自 Poetry 创刊

近百年以来

全部期刊和上刊诗作的

在线文本存档

甚至每一期不重样的封面

实话实说我一开始

连有这个杂志都不知道

我是在找与之类似的

收藏中文新诗的网站找不到时

无意且毫不费力

发现这个英语诗界最大

（据他们自己介绍）的网站的

2021.02.28

随手关门

不知从何时起
养成了随手关门
卧室（也是书房）
门的习惯再没改掉
尽管整间一室一厅的公寓
只有我自己租住

2021.02.28

失位

晾衣架上挂着五个

我用过的一次性非医用口罩

本来只想挂一个

结果又挂了第二个

接着是第三个，然后第四，最后

第五个也被我挂了上去

避免互相污染

（尽管都是一次性）

我把口罩分得很开挂的

以备不时之需

所以现在它们整整齐齐

挂在那里挤掉衣服

2021.03.02

难言之隐

昨天去镇上唯一的书店
（只卖旧书）
买了本高行健的《灵山》
封皮上用大字写着书的英文译名
和 GAO XINGJIAN
付钱的时候我告诉店主——
一名只说英语的加拿大人
"作者是第一位获得诺贝尔文学奖的
来自中国的中文作家。我从来
没有读过他写的书，这次
头回读还是读得中文英译。"

店主当时不可能知道
有一个事实我并没有告诉她：
这本书是一个流亡者写的

2021.03.02

细雨过后

扼住时间的咽喉

精确到时分秒

在枝上等待

泥土的信息重现

指尖触抵南来的风

新翻过的土壤

从所有的痕迹

阅读一场革命

某个人的生活被存档

字节律动四季如春

细雨过后我将重新定义

未来的人重新定义

2021.03.03

我的生活充满能量

我住 310，对门是 307

中午回家去吃饭在走廊里发现

307 的房门正中央贴了张

房东申请进入的打印好的条

之前我从来没见过对门被贴条

第一反应难道发生谋杀案了

因为恰巧我在读一本刚被译成

英语的丹麦女作家的侦探小说

还没读完加之前段时间

307 门口的快递很久不见被取走

凑上前仔细看了看纸条的内容

没什么不正常但接着我又想

当然对门也可能在进行毒品交易

我们镇子不大吸毒的人却实不少

比如在原先租住的公寓我每天都能

闻到大麻与烟草的混合气味

充斥整个公共空间以至于

偶尔闻不到时反而让我觉得不安全

不过现在住的公寓楼里并无杂味

所以或者对门涉嫌卖淫嫖娼

听说在加拿大嫖娼违法卖淫未必

总之配合调查也有可能

但我毕竟不认识对门的租户

就连里面究竟住着几个人也不知道

像无端的猜测转瞬即逝最后

我掏出钥匙打开家门走进屋内

快手午餐准备吃脱水的香菜叶碎

拌现煮的通心粉再撒上

些许芝士点缀点缀

2021.03.04

故乡的规模

微博上刷到有人总结
官方发布的中国城市分类
其中济南新列入
全国十个特大城市
济南特大，大过半个地球
我们都已颇具规模
陌生的熟悉仍将扩建

2021.03.04

避（组诗）

（一）

其他人写诗

我也同其他人写诗

有时我打算写一首诗的时候

会先去翻其他人写的诗

其他人说诗是什么

（二）

这些天气温零上零下来回折腾

早晚上下班路上结着车辙留下的冰

隔几步就是薄而透亮的一层

我走路小心翼翼但并非怕摔上一跤

怕的是万一我摔了一跤，碰巧

被认识我的人看到该有多尴尬

我认识的人走路和我一样小心翼翼

（三）

最近发觉自己

总是能在早上刚醒时

对夜里做过的梦记个大概

突然明白了为何

小时候起床我记不住

自己做过的梦

（四）

我的办公空间是开放式的

所以我经常提醒同事

欢迎在我打电话或参加视频会议时

自行关好你们办公室的门

我对此深表感谢

2021.03.04

心理安慰

洗手
要用洗手液
不敢一次打太多
特殊时期
得节省着用
于是就打了一丁点
吃苹果时要削皮
再摸果肉总觉得表皮
下面一样不干净
于是就把
果肉也冲洗了一遍
也许我神经兮兮
太过谨小慎微
其实当我
再次出门购物
对面的人只需
一个喷嚏
就可能置我
于死地
2021.03.04

丢了的 T 恤衫

是在我去爱德华王子岛

找她时她为我买下的

浅灰色旅游纪念衫

我真后悔不慎把它

弄丢了

而且已小有时日

现在我除了经常想起

T 恤衫胸前的位置

分两行写着的英文

就只是在

爱德华王子岛转转

之外

一切已于事无补

2021.03.04

翻身

常喝的加拿大

国民咖啡连锁品牌

Tim Hortons

潮水般开着中国分店

据说一共要开二百多家

从网上看到

已经开业的分店

同样不算大的空间

室内设计富丽堂皇

与本土店面

风格大相径庭

加拿大的平民咖啡

进入中国

就像咸鱼翻了身

2021.03.05

诗的日期

我敢断言这个世界

必定有人不知晓诗在哪里

我的几首各不相关的诗

署着同一日期

无论这些人是否读到

我已给出答案

2021.03.05

回南天

昨晚群聊

第一次听到

回南天这种说法

当时把那句话读了好几遍

我才明白是什么意思

南方独有的气候

难以忍受的潮湿

我忽然感到浑身不自在

如同经历回南天

2021.03.05

我的一点奢望

新冠病毒疫情肆虐

全球气候变化加剧

地壳活动频繁

种族主义重新抬头

瑞典发生疑似恐怖袭击

南京地铁脱轨

有时真觉得我能赶上

地球毁灭人类灭绝

但我还是迫不及待地忙着

出版自己的诗集

不为名利，纯粹就觉得

就算哪天突然我死了

好歹也留下了些什么东西

对比我长寿的人

和我的后来人而言

也算是个茶余饭后的谈资

尽管我们也可能一同毁灭

2021.03.05

她对此毫不知情

一位同事前段时间确诊感染新冠病毒

她是我们首席行政官的秘书

我对她深表同情但值得庆幸的是她已经康复

现在因防疫需要线下办公的人不多

而我今天也是临时有事情才来的单位

她也在单位结果碰巧与她打了个照面

我猜测她不知道我已经从别处听说

她之前确诊的事情，因为当时

单位正式的通知并没有指出确诊的是她

连性别都没提就只说又有一名员工确诊

于是此刻我们戴着口罩相视一笑（看眼睛）

互相寒暄，我正倚着开了一半的

单人洗手间的门。你好吗？我问她。

我很好。她回答。看样子她对此毫不知情。

2021.03.05

为有暗香来

济南的梅花还未开败

有人近日去拍了发在微博上

我把图片保存到手机然后发给

我的一位在网上相识多年的诗友

广西人，在阜阳读的书

学的汉语言文学专业

（她写诗词比我好太多）

没过多久她分两条发来

回复：好雅致

仿佛要闻到花香了

2021.03.05

所迫

我对青鱼抱怨

说我最近状态不对

完全没有学习的动力

我一边全职工作

一边继续读书深造

总觉得未来可期

但就是这阵子不思进取

他建议我卷起睡袋

准备好露营装备

来一次三个星期左右

横穿加拿大的单身自驾游

显然不可行没有信号

上路就意味着我

将直接挂科

2021.03.05

不良习惯

在我成长的过程中

父母不停告诉我

没事不要用手乱摸脸

从我刚懂事起他们就这样教育我

我十八岁以后他们还是如此

现在我都二十七了

他们依然时不常的提醒我

没事不要用手乱摸脸

一场突如其来的变故

让我顺利改掉了不良习惯

2021.03.05

三月

生活虚晃

幸而三月自古以来

做着诗人们的梦

一夜之间盛开

枝头万紫千红

波光浮动的长河

岸边柳条曳曳随风

吹面不寒的思绪

雨落

文字的旅人

久久未归

2021.03.05

在我头顶

天空半灰

半亮

无声的诱动

逐渐清晰

秘境中

躲藏的春意

剧幕正在揭开

曾经

被包裹严实的

冬天

如今一丝不挂

消融之后

在我

头顶唯独蓝色

2021.03.06

所读的书不慎掉落

终于有了春天的感觉

站在三层公寓

顶楼的阳台看书

向前探出双臂

胳膊肘抵在木栏杆顶上

手捧使女的故事

一本阿特伍德的小说

其实是谁写的书

是什么书都无关紧要

反正我经常会随机

从书架选取一本书

自上次读到的地方继续

关键在于我不禁想到

万一

我的手没拿稳

再比如突然刮来一阵强暖风

书不慎掉落掉到阳台外

如果（我是说如果）

我不去捡起它

并且也没有其他的

人将它捡起

那么再过几天

楼下的草坪

新绿

肯定比以往更加诱人

2021.03.06

济南的地铁

据说是全中国乃至全世界

设计和施工难度最大的城市轨道

交通系统，当年由于有关

保护泉水和工程安全的问题

尚无定论，我小时候

济南没有地铁

但终归耐受不住路面交通

拥堵的压力

如趵突泉三股泉水喷涌

2019 年 4 月，1 号线建成通车

同年 12 月，3 号线建成通车

一年后，2 号线建成通车

我看的新闻

这两年我绝大多数的时间

人都不在中国

期间虽然回过一次国

但并没有机会体验家乡的地铁

从国内返回加拿大

一段时间过后

某天心血来潮

我将办公室电脑桌面的壁纸

换成了从微博上下载的

济南地铁的绝美照片

就好似我曾乘坐过一般

2021.03.06

济南地铁的绝美照片

就好似我曾乘坐过一般

旅人与赵孟頫

古老的水

唯留独一无二的名称

载入诗文

一座城市的灵魂源头

自平地喷涌而出

洁白如玉的壶

虽数次归于宁静

泉水未曾干枯

自古连通东海

庄稼人乐观的信仰

书画家的笔端

远山如花蒂生于水中

烟波缭绕

海右古亭倾听着波涛

而今游子如何

时常回到泉畔濯去征尘

只余满怀的冰雪

清雅的兴致却与谁同

2021.03.06

所谓写诗的成年人

这两个星期我一直混迹于中国

一位当代著名女诗人的个人网站

读她写的诗和随笔（主要是诗）

我最早是在中国诗歌库的网站读到她的

到今年已经有好几年没再读过了

只是最近忽然又想去欣赏她

近些年的新作，诗写得

和我初读到的她的几首诗一样好

不，应该说甚至更好

此外她的个人网站上除了诗文

还有她的照片

我第一次清楚的看到了她的样子

其中有一张是她仰面

躺在草地上的照片

闭着眼睛敞开怀露着里面浅色的衬衣

她的双手分别放在大腿两边

我发现

点击照片可以放大

于是我就点了，众所周知

之后你的鼠标在哪个位置

只需再次单击左键

就能放大鼠标在的那个地方

我点击的是胸部

确认很平（几乎看不出的那种）

我其实不害怕她知道我这样做

她也可能永远不会知道

不过我觉得她就算有天知道了

应该也不会介意

不仅因为她自己写过很多

不真正懂诗的人读来会觉得龌龊的诗

也因为她和我都是诗人

也是所谓的成年人

我们性别不同但同样胸怀天下

2021.03.06

我的这位朋友

她是广东英德人

现在和我一样定居加拿大

曾经她和我在同一城市

比我大不少

我们分居两地之后

某个时刻降临

自此我俩隔上几周就会通个电话

基本每次都是我主动找她

而且一聊就是几个小时

从晚餐后吃水果起

聊到新的一天即将开始以前

艇仔和高粱黄豆

还有其他因时而异的做法的

电话粥便成了夜宵

我们除了聊工作聊生活

有时还聊抗美援朝

所以房间里经常火光冲天

其实我们没有固定话题

多数时间都是在瞎聊

我曾不止一次忍不住问她

都是我冷不丁主动找你

会不会颇为打扰

她给我的标准回答总是不会

并说：这样没什么不好

就好比如果哪天我只身阵亡

好歹你也有个朋友能最先知道

在我看来她的这句话

可比当年桃花潭

汪伦给李白送行时

那深过千尺潭水的情分

更具实际价值和现实意义

2021.03.07

后怕

阿尔伯塔省的高速

绝大多数路段不设路灯和栏杆

就这样穿越荒郊

三年多前我在路上跨的年

行驶中下意识为了躲避

瞬间冲上路面的鹿

我的 98 年轿车滑进路沟

撞上几棵小树报废了

今天，突然很想知道当年

那头从我方向盘下

逃脱的鹿

现在怎么样了

2021.03.08

无有

三月
潮湿的意象
连续几日
云深
偶尔投出的天光
温度零上
这里的北美
花未开
也无杨柳依依
问断桥何处
有唐宋
马车
驾车人的轨道
卧着新绿
渐远
或渐近
残雪犹是
这属于诗人的
季节

2021.03.08

百分之三十的可能

看天气预报写着当夜

有百分之三十的可能下雨或下雪

之后我就去睡觉了

次日醒来第一件事到窗边

看见地面打湿

草坪上还有今冬未化完的雪

至于昨天夜里

下得是雨是雪是雨夹雪

醒来已不得而知

2021.03.09

百分之三十的可能

看天气预报写着当夜

我特地又去查了妇女一词的定义

昨天是国际妇女节

去年的三月八日

我的微信朋友圈里还都是

祝小姐姐们节日快乐

仅过一年

她们自己也开始用

妇女节快乐互致祝福了

2021.03.09

诗归何处

我告诉朋友

我给诗人伊沙和由他主持的

新世纪诗典投稿了

紧接着，我就

伊沙和新世纪诗典

为她做了详细的讲解

2021.03.09

文体不限诗歌除外

初中三年语文老师像

小学老师一样地

叮嘱我们

作文一定不要写成流水账

十多年后

我写的有些诗

像极了

她们所说的流水账

2021.03.09

剑走偏锋

得先有剑

再磨出锋

最后要走

废话

不偏

2021.03.09

我在流浪

洋人

同事们拿

我的头发开玩笑

说我至今一年多没去理发

已经颇像我们镇上的

流浪汉了

其实早在一年前

我就下定决心

蓄发明志

现在我的头发都那么长了

可每次他们看见我

还是不懂

2021.03.10

玻璃饭盒

装过

我为她做的

糖醋排骨的玻璃饭盒

经她沾满肉香的手

仔细刷洗

干净之后

就一直

在我车里的后座上

放着

2021.03.10

评论

她晒出她女儿

用抹茶粉做的点心

我在朋友圈

下面

评论：

春的味道

2021.03.10

异常

几星期前给车

换了电瓶

一直没再开

直到前天半路熄火

估计是电路问题

总之好巧不巧

停在

无红绿灯路口的

停车线上

我住的镇子

车少路窄限速低

坚持到回家

应该不成问题

我赶紧

试着把车重新发动

成功

驶过路口

刚才跟我后面的

那辆车的司机

不会察觉到过去

几秒有何

异常

2021.03.10

记事

分离太久的岛屿
鹰的
爪牙搅动风暴
封锁渔船未来的航迹

渔民子女的大海
巨浪过后惊醒的他们
望眼欲穿
隧道将深埋海底

春天的铁轨
诗人的血脉
列车疾驰
下一站停靠的月亮

夜幕中
爬着
出走多年的老女人
和她的追随者们

2021.03.12

像我这样一干二净

搬家时挑公寓

我特地选了三层朝阳的一间

最高就三层

曾经我住的那个小平房

就算阳光低下头

也照不进屋内

我的新居一室一厅

除了不见天日的卫生间

所有窗户都朝南

整日面对着它们

我把自己脱得一干二净

别人也被我脱得一干二净

2021.03.12

大家在讨论极光

微信群消息如下：

今天晚上 7、8 点也挺有希望看到极光的耶

没有极光我刚从城外开回来

但是现在 KP 值特别高

我觉得你下次别期待可能就有了 [捂脸]

就现在，有人在麋鹿岛拍到极光了

2021.03.12

我家距离铁路不足两公里

夜晚我枕着轮轨的声音入眠

货运列车机械的轰鸣

摩擦草地，那里

白天也有货运列车经过

我能听见的只有

制动传来的几声啸叫

2021.03.13

蟑螂要是没了头

这群人

丝毫不像蟑螂

没了头

抽烟的抽烟

喝酒的喝酒

自慰的自慰

越货的越货

还经常嚷嚷着

不够

2021.03.13

羊小腿

来自澳大利亚的羊小腿

卧在超市的冰柜里

然后又到了我家的冰箱里

我是好几十天前

看到天气预报说过两天

有零下四十度的寒潮

才买回来两条腿

一条已经被我

如愿以偿在寒潮中吃掉

另一条也就是至今还卧在

冰箱里的这一条

我琢磨等下次气温骤降

再把它炖了吃掉并让

那只被宰杀的羔羊

告诉我

春天已经在路上

2021.03.13

除了自由

一群小丑猜着天山的位置

就以为他们能用污浊的口水

将天山移走

他们连愚公是何方神圣

都不知道

除了自由

小丑一无所有

2021.02.22

明天

如果被偷拍了 X 光片

在片子上看到的将是明天

2021.02.23

庄周的梦

五星红旗挂在家里

在书架旁占据半个墙壁

当然我在海外

有的人会觉得我爱国

有的人会觉得我做作

还有的人可能根本就觉得

我是个傻子

没错我是傻得可爱的孩子

更是个痴人

我说着庄周的梦

偷着隔壁的光

望穿秋天的水

傻子或痴人捧起

关山的月亮

2021.02.23

汽笛

汽笛穿越隧道

我乘着轮船返航

2021.02.23

汽笛

汽笛穿越隧道

外五首

一、读不懂的诗

我将自己制成咖啡伴侣

浸在屋内

桌上的纸杯，如一踩就碎的冰

溶化成迟暖的三月

打印机吐出的哲学是宇宙

承载一个谁的思想，以及灵魂

纸杯里的液体

我肌肉紧张。抽搐

陨石于角落撞击行星

对折，对折，再对折。然后撕成屑

散落于另一角落

与水果皮一起

有人用钥匙开门。

进屋端起桌上的纸杯，丢弃

注：此诗被收录于团结出版社出版的《经典短诗·当代方阵》一书。

二、一群羊行在牧场

草场映蓝天空

一群羊行在牧场

咀嚼真理，春天的阳光

是牧人的竿，指引

我看到地上的孩子们

也是羊群，在阳光之旁奔跑

三、失眠诗

失眠时真把自己当成了一位诗人。

诗人一整晚失眠。

失眠改变灵魂流浪的命运。

命运让浮想联翩在夜晚。

夜晚的太阳。

太阳的天空。

天空的纸张。

纸张上的人。

人还有更深奥的问题。

问题在床上。

床上有我。

我失眠在九月。

九月的第一日落雪。

落雪的时候我失眠。

四、傍晚是春天的一部分

静坐于河边的小丘，
坡上青草油油，坡下
冬木随波光漂流。

再一场雨之后
绿色将盈满枝头。

绚丽的晚霞是夕阳的娇羞，
牵着云朵在高天行走，

正如灵魂
在迟来的早春泛舟。

五、孤独

黑夜
酝酿
投入杯中的毒品
我将它一饮而尽

作者手稿

（一）

悲剧

在斑马的皮毛
之间
灰色的蚊子跳跃
尾巴来回抽打
大草原的
吸血鬼
轰鸣夜空

僻路
写于 2021.02.20
抄录于 2021.02.23

（二）

你的书架 —— 再给 Barbara

我的一首诗
在你的书架上
由你替我保管着

我没去过你家里
所以也没有见过你的书架
你会把诗放在哪一层

我现在不得而知
但这无关紧要
要紧的是我为那时的我

至今一直还在
那时的你的
那里感到庆幸

僻路
写于 2021.02.21
抄录于 2021.02.23

（三）

在乍暖的一月散步

精赤的风　贴紧太阳的肌肤
原始松林被划分阵营
岩层浮起根络　化石诞下房屋
唤醒荒野的神经
渡鸦挑拣它的路灯　遗弃
尖阁陈列前日的严寒
矮处，枯枝漫无边际
顶撞歪斜的栅栏
螺旋撕裂　屡经修砌的街道
被侵染的溪水　融解冰封
流云皈依风尘。天马飞跑
朝拜上古的回声
驭手用脆黄的碎叶
向先民　作着答谢

僻路
写于 2021.01.
抄录于 2021.02.23

（四）

初读北岛

橘子在说话
房间里氧气充足

神秘的冲动
第一次跳水

煤球听见矿灯的呼啸
歌曲流浪

电话里的月亮
最后一行

僻路
写于 2021.02.01.
抄录于 2021.02.23